Wolfgang Amadeus
MOZART

OPERA ARIAS

for

BASS-BARITONE

and

ORCHESTRA

VOLUME I

MUSIC MINUS ONE

CONTENTS

COMPLETE VERSION TRACK	MINUS BASSO TRACK		PAGE
		Le Nozze di Figaro (The Marriage of Figaro), KV492:	
1	8	Act I: 'La vendetta, oh, la vendetta!' (Bartolo)	3
2	9	Act IV: 'Tutto è disposto...' (Figaro)	10
3	10	Act IV: ...Aprite un po' quel gl'occhi' (Figaro)	12
		Die Entführung aus dem Serail (The Escape from the Seraglio), KV384:	
4	11	Act I: 'Wer ein Liebchen hat gefunden' (Osmin)	20
		Die Zauberflöte (The Magic Flute), KV620:	
5	12	Act II: 'In diesen heiligen Hallen...' (Sarastro)	24
6	13	Act II: 'Ein Mädchen oder Weibchen'(Papageno)	26
		Così Fan Tutte, KV588:	
7	14	Act I (No. 15A): 'Rivolgete a lui lo sguardo' (Guglielmo)	35

from LE NOZZE DI FIGARO, KV492, Act I

"La vendetta, oh, la vendetta!"

Wolfgang Amadeus Mozart
(1756-1791)

4

ob - li - ar leon - te, gliol - trag - gi, ob - li - ar leon - te, gliol -

trag - gi, è bas - sez - za èo - gnor vil -

tà. è bas - sez - za, èo - gnor vil - tà, èo -

gnor vil - tà. Coll' as - tu - zia, coll' ar - gu - zia,

6

se - rio, ma cre - de - te si fa -

rà, ma cre - de - te si fa - rà.

Se tut - to co - di - ce do - ves - si

vol - ge - re, se tut - to l'in - di - ce do - ves - si leg - ge - re, con un e - qui - vo - co, con un si -

vo - stro sa - rà, vo - stro sa -

rà, vo - stro sa - rà,

vo - - - stro sa - rà.

from LE NOZZE DI FIGARO, Act IV

"Tutto è disposto...
Aprite un po' quelgl'occhi"

RECITATIVO AND ARIA

Wolfgang Amadeus Mozart
(1756-1791)

son, guar - da - te co - sa son, guar - da - te, guar -

da - te co - sa son! Que - ste chia-ma - te De - e, da -

gli in - gan - na - ti sen - si, a

cui tri - bu - tain-cen - si la de - bo - le ra -

tà, non sen - ton pie - tà, no, no, no, no! Il

re - sto, il re - sto nol di - co, già o - gnu - no, già o gnu - no lo

sa. A - pri - te un po' quegl' oc - chi, uo - mi - ni in - cau - tie

sciocchi, guar-da-te ques-te fem - mi-ne, guar-da-te co - sa son, co - sa son, co-sa

li-gne, ma - e-stre d'in-gan-ni, a - mi-che d'af - fan-ni, che fin-go-no, men-to-no, a-mo-re non

sen - ton, non sen - ton pie - tà, non sen - ton pie - tà, no, no, no,

no, il re - sto, il re - sto nol di - co, già o -

gnu - no, già o-gnu - no lo sa, il re - sto, il re - sto nol

from DIE ENTFÜHRUNG AUS DEM SERAIL, KV384, Act I

"Wer ein Liebchen hat gefunden"

Wolfgang Amadeus Mozart
(1756-1791)

Trö - ster, sei ihr Freund, sei ihr Freund. Tral-la - le - ra, tral - la -

le - ra, tral - la - le - ra, tral-la - le - ra! Doch sie treu sich zu er -

hal - ten, schließ er Lieb - chen sorg - lich ein; denn die lo - sen Din - ger

ha - schen je - den Schmet - ter - ling, und na - schen gar zu

from DIE ZAUBERFLÖTE, KV620, Act II

"In diesen heil'gen Hallen"

Wolfgang Amadeus Mozart
(1756-1791)

from DIE ZAUBERFLÖTE, KV620, Act II

"Ein Mädchen oder Weibchen"

Wolfgang Amadeus Mozart
(1756-1791)

Täub - chen__wär__ Se - lig - keit__für__ mich, wär Se - lig-keit__ für__

mich, wär Se - lig - keit__ für__ mich!

Dann schmeck-te mir Trin - ken und

Es - sen, dann könnt ich mit Für-sten mich mes - sen, des Le-bens als Wei-ser mich

Allegro

freun, und wie im E - ly - si - um sein; dann könnt ich mit

Für sten mich mes - sen, des Le - bens als Wei - ser mich freun, und

wie im E - ly - si - um sein, im E - ly - si - um sein,

Andante

im E - ly - si - um sein.

Allegro

mich!

Ach, kann ich denn kei - ner von al - len den rei - zen - den Mäd-chen ge -

fal - len? Helf ei - ne mir nur aus der Not, sonst gräm ich michwahr-lich zu

Tod, ach, kann ich denn keiner ge - fal - len? Helf

Weib - chen wünscht Pa - pa - ge - no____ sich! O,

so ein sanf - tes Täub - - chen____ wär____ Se - lig - keit____ für____

mich, wär Se - lig - keit____ für____ mich, wär

Allegro

Se - lig - keit___für___ mich!

Wird kei - ne mir Lie - be ge - wäh - ren, so

muß ich die Flam - me ver - zeh - ren, doch küßt mich ein weib - li - cher

Mund, so bin ich schon wie - der ge - sund; doch

küßt mich ein weib - li - - - cher Mund,____ doch

küßt mich ein weib - li - cher Mund, _____ so bin ich schon wie - der ge -

sund, schon wie - der ge - sund,

schon wie - der ge - sund.

from COSÌ FAN TUTTE, KV 584, Act I

"Rivolgete a lui lo sguardo..."

Wolfgang Amadeus Mozart
(1756-1791)

Ri-vol - ge - te a lui lo sguar-do e ve-

dre - te co - me sta; tut-to di - ce, io ge-lo... io

ar - do... i - dol mi - o, pie - tà, pie-

gua - li non si tro - va - no da Vi - en - na al Ca - na -

dà, se si par - la poi di mer - to, cer - to io

so - no, ed e - gliè cer - - - - - - to che gliu -

gua - li non si tro - va - no da Vi - en - na al Ca - na -

42

ra - tial par diE - so - po,

se bal - lia - mo,

se bal - lia - mo,   un Pich ne

ce - de,   sì gen -

til   e snel - loèil pie - de,

se   can - tiam,   se   can - tiam   col

tril - - - - - - - - - - - - lo

so - lo   fac - ciam   tor - to   all'

44

SUGGESTIONS FOR USING THIS MMO EDITION

WE HAVE TRIED to create a product that will provide you an easy way to learn and perform these arias with a full orchestra in the comfort of your own home. Because it involves a fixed orchestral performance, there is an inherent lack of flexibility in tempo and cadenza length. The following MMO features and techniques will reduce these inflexibilities and help you maximize the effectiveness of the MMO practice and performance system:

Where the soloist begins *solo*, we have provided an introductory measure with subtle taps inserted at the actual tempo before the soloist's entrance.

Chapter stops on your CD are conveniently located throughout the piece at the beginnings of practice sections (or connected arias), and are cross-referenced in the score. This should help you quickly find a desired place in the music as you learn the piece.

We have observed generally accepted tempi, but some may wish to perform at a different tempo, or to slow down or speed up the accompaniment for practice purposes. In addition to the practice version included with this edition (see below), you can purchase from MMO (or from other audio and electronics dealers) specialized CD players & recorders which allow variable speed while maintaining proper pitch (or vice versa). This is an indispensable tool for the serious musician and you may wish to look into purchasing this useful piece of equipment for full enjoyment of all your MMO editions.

We want to provide you with the most useful practice and performance accompaniments possible. If you have any suggestions for improving the MMO system, please feel free to contact us. You can reach us by e-mail at *info@musicminusone.com*.

MUSIC MINUS ONE

50 Executive Boulevard
Elmsford, New York 10523-1325
1.800.669.7464 (U.S.)/914.592.1188 (International)

www.musicminusone.com
e-mail: mmogroup@musicminusone.com

Printed in Canada